365 Afirmaciones Poderosas Para Mujeres Negras

Reprograma Tu Mente Para Aumentar La
Confianza y La Autoestima, Atraer El Éxito,
Ganar Dinero, Salud y Amor

Layla Moon

i

Layla Moon

Índice

Layla Moon

4 Libros GRATIS

Para ayudarte en tu viaje espiritual, he creado 4 eBooks gratuitos.

Puedes obtener acceso instantáneo e ellos suscribiéndote a mi boletín de noticias a través del correo electrónico que te daré a continuación.

Además de los 4 libros gratuitos, también recibirás consejos semanales junto con regalos de libros, descuentos y mucho más.

Todas estas bonificaciones son 100% gratuitas y sin compromiso. No necesitas proporcionar ninguna información personal excepto tu dirección de correo electrónico.

Para obtener tu bono, ve a:

https://dreamlifepress.com/four-free-gifts

O escanea el siguiente código QR

Guías Espirituales Para Principiantes: Cómo Escuchar la Llamada del Universo y Comunicarte con tus Guías Espirituales y Ángeles Guardianes

Con la guía de la propia Moon, inspirada en sus propias experiencias y en los conocimientos que han sido transmitidos por cientos de generaciones durante miles de años, descubrirás todo lo que necesitas saber para:

- Entender qué es la llamada del universo
- Cómo escucharla y comprenderla
- Saber quiénes y qué son tus guías espirituales y ángeles de la guarda
- Aprender a conectar, iniciar una conversación y escuchar a tus guías
- Cómo manifestar tus sueños con la ayuda de la fuente cósmica
- Aprender cómo empezar a vivir la vida que quieres vivir
- Y mucho más...

La Ley de la Atracción: Manifiesta tu Deseo

Aprende a aprovechar el poder infinito del universo y a manifestar todo lo que quieres en la vida.

Incluye:

- La Ley de la Atracción: Manifiesta tu deseo ebook
- Libro de trabajo de la Ley de la Atracción
- Hojas de trucos y listas de control para asegurarte de que estás en el camino correcto

Libro De Hechizos Hoodoo Para Principiantes: Hechizos Fáciles Y Eficaces De Enraizamiento, Conjuro Y Protección Para La Curación Y La Prosperidad

Aprovecha el poder de una de las más grandes magias. El Hoodoo es una fuerza poderosa ideal para alejar la negatividad, promover la positividad en todas las áreas de tu vida, ofrecer protección a todo lo que amas y, en definitiva, tomar el control de tu destino.

En su interior, descubrirás:

- Cómo empezar a utilizar el Hoodoo en tu día a día
- Cómo utilizar los conjuros para manifestar la vida que quieres vivir
- Cómo los hechizos de protección pueden ayudarte a soportar los momentos más difíciles
- Cómo romper con los ciclos de mala suerte y promover la buena fortuna a lo largo de tu vida
- Hoodoo para fomentar la prosperidad y la estabilidad financiera
- Cómo curar traumas y problemas usando la magia Hoodoo, tanto a corto como a largo plazo
- Eliminar maldiciones y desterrar el dolor, el sufrimiento y la negatividad de tu vida
- Y mucho más...

El Libro De Las Sombras

Un PDF imprimible para apoyarte en tu transformación espiritual.

Dentro de sus páginas encontrarás:

- Una Hoja de seguimiento de pociones y tinturas
- Un registro de aceites esenciales
- Registro de hierbas
- Lista de control de rituales mágicos y objetivos corporales espirituales
- Hojas de lectura del Tarot
- Seguimiento semanal de la luna y los ciclos planetarios
- Y mucho más

Consigue todos los recursos GRATIS visitando el siguiente enlace

https://dreamlifepress.com/four-free-gifts

Layla Moon

Introducción

¿Cuándo fue la última vez que te has levantado y te has sentido realmente entusiasmada con la vida que llevabas? ¿Estás viviendo y prosperando o simplemente viviendo y sobreviviendo? ¿Te gustaría cambiar la narrativa de tu vida? ¿Estás preparada para convertirte en la mejor versión de ti misma y vivir tu vida al máximo? Si este es tu caso, la llave para abrir ese futuro ahora está en tus manos... o en tu boca, por así decirlo. Cambia las palabras que dices y la vida que quieres se hará realidad.

"La vida es dura". "No puedo hacerlo". "No soy buena". "No me merezco esto"... Son frases sencillas que muchas personas utilizamos en nuestro día a día. Pero lo que no sabemos es el poderoso impacto que estas palabras tienen en nuestras experiencias. Es necesario deshacer el daño causado por esas palabras mediante afirmaciones positivas. Este libro, *365 Afirmaciones poderosas para mujeres negras; reprograma tu mente para aumentar la confianza y la autoestima, atraer el éxito, ganar dinero, salud y amor,* es todo lo que necesitas para empezar.

En este libro, obtendrás:

- Enseñanzas fundamentales acerca de cómo las palabras dan forma a tu pensamiento y generan la vida que deseas

- Consejos eficaces para activar el poder de tus afirmaciones

- Información práctica para reprogramar tu mente

- Palabras para afirmar tus expectativas en los ámbitos del amor, la salud, la riqueza y muchos más

- Poderosas afirmaciones que puedes usar para cada día del año

Este no es un libro de un solo uso. Es un libro para toda mujer negra que busque abrirse camino en el mundo en el que vivimos hoy en día. Siendo una mujer de color que vives en una sociedad que ve a las personas a través de lentes impregnados de prejuicios y sesgos, puede parecer que la balanza se inclina en tu contra desde el principio. Sé lo desalentador que es enfrentarse a la decepción una y otra vez. Pero déjame que te diga algo que me gustaría que alguien me hubiese dicho cuando estaba en tu lugar.

No eres tan impotente ni tan indefensa como crees. Eres una persona capaz de alcanzar la grandeza más allá de lo que soñaste o imaginaste. Dispones de las herramientas que necesitas para dar forma a tu vida. Puedes despertar hacia la vida que has soñado. La primera medida en ese viaje es pronunciar las palabras correctas. Este libro, **365 Afirmaciones Poderosas Para Mujeres Negras;** *Reprograma Tu Mente Para Aumentar La Confianza Y La Autoestima, Atraer El Éxito, Ganar Dinero, Salud Y Amor*, es la llave para desbloquear tu poder interior.

Así que respira profundamente. Exhala. Relájate. Ya lo tienes. Lo único que debes que hacer es pasar a la siguiente página y dejar que tu viaje comience.

Capítulo uno

Prepara tu mente

Seguramente ya habrás escuchado hablar de lo poderosa que es la mente. Así que no voy a entrar en detalles sobre eso. Mi objetivo es ayudarte a comprender cómo puedes utilizar ese poder mental en tu beneficio a través de tus palabras de afirmación. Pero antes de empezar, quiero aclarar algo. Pronunciar las palabras correctas en tu vida es algo que no va a crear un tipo de transformación de la noche a la mañana. Se necesitaron años de programación negativa para que llegaras a tu experiencia y situación actual. A fin de contrarrestar ese efecto, tendrás que darles tiempo a tus palabras para que echen raíces en tu vida.

Por suerte, no es necesario un periodo prolongado para manifestar tus sueños a través de las afirmaciones. Si eres muy consciente y deliberada con las palabras que te dices a ti misma y a tu entorno, eso marca una gran diferencia en el resultado y en el tiempo que tardará en manifestarse. Una vez dicho esto, si bien la transformación no se produce de la noche a la mañana, se producen cambios cada vez que se pronuncian las palabras adecuadas. Por lo general, el resultado final es la consolidación de todos los cambios. A fin de preparar tu mente para aceptar las palabras de afirmación que pronuncias, debes prestar atención a tres cosas. Esas tres cosas son la convicción, la consistencia y el compromiso.

Convicción

Según el diccionario, la convicción es una creencia u opinión firme. Si no hay convicción, las palabras de afirmación tienen la misma fuerza que una pluma a la deriva en el viento. Carecen de dirección o propósito. La convicción es lo que une las palabras que dices a los sueños que tienes, haciéndola un ancla que la obliga a manifestarse en tu vida. Cuando crees firmemente en lo que dices, te conviertes en una fuerza inquebrantable, de manera que incluso cuando atravieses los momentos más oscuros, tendrás el poder de mantener tus afirmaciones. Es la convicción lo que te da el valor para soñar en grande, aunque tus circunstancias quieran poner límites a lo que puedes lograr. El primer paso para preparar tu mente en tu viaje de afirmaciones consiste en que te convenzas de que las palabras que pronuncias son tu nueva realidad. En cuanto lo consigas, serás imparable.

Consistencia

Uno de los errores que no puedes permitirte en tu viaje para lograr la vida que quieres es relacionar tus afirmaciones con tu estado de ánimo. Lo que te digas a ti misma debe ser constante e independiente de cómo te sientas. No puedes decir soy increíble en un momento y al siguiente decir que eres un fracaso. Tienes que ser coherente en las palabras que te dices con respecto a tu situación y la asiduidad con la que lo haces. De forma consciente o inconsciente, tu mente ya absorbió mucha información a través de las experiencias, las personas que te rodean y las palabras que te han dicho. Parte de esta información puede estar impidiéndote avanzar en áreas específicas de tu vida y, por lo tanto, a fin de desaprender esas cosas, necesitas decir constantemente las palabras correctas. Como ya mencioné, decir palabras de afirmación no es algo que se hace una vez y luego se olvida. Hay que hacerlo consistentemente durante un largo periodo. Mientras creces y evolucionas en la vida, estas palabras pueden ser modificadas y ajustadas, aunque nunca debes dejar de decir las cosas que quieres manifestar.

Compromiso

Hay que asegurarse de que las palabras que se pronuncian estén avaladas por los hechos. Supongamos, por ejemplo, que se está intentando conseguir una vivienda. El hecho de decir que la casa existe es solo la mitad de la ecuación. Es necesario dar los pasos necesarios para respaldar tus palabras. Hacer lo necesario no significa que tengas que pagar la casa de inmediato. Podría ser algo tan sencillo como hacer una búsqueda en Internet para saber cuánto costaría una como la que estás buscando. Lo que haces cuando das estos pequeños pasos es armonizar físicamente tus acciones con tus afirmaciones. No puedes estar deseando una casa y, sin embargo, realizar acciones que hagan parecer que estás dejando pasar oportunidades para hacer realidad tu sueño. Tus actos muestran el nivel de compromiso con las palabras que dices. Sin importar si estás buscando un nuevo trabajo, una pareja, o tratando de estar en la mejor forma de tu vida. Las palabras que pronuncias para afirmar la vida que quieres manifestar se deben corresponder con los hechos para que esa afirmación se convierta en realidad.

Consejos para utilizar estas afirmaciones

Una rápida búsqueda en Google te dará montones de sugerencias sobre cómo utilizar las afirmaciones y hacer que funcionen para ti más rápidamente. Los consejos que voy a compartir contigo aquí son los que me resultaron a mí. Antes de entrar en eso, quisiera que comprendieras que el tiempo para manifestar tus afirmaciones puede variar por diferentes razones. Hay cosas que se manifiestan en cuestión de días. Hay cosas que me tomaron más de un año para salir a la luz y luego hay cosas que todavía estoy afirmando hasta el día de hoy. ¿Quiere decir esto que mis afirmaciones no están funcionando? No. Hay un proceso para todo. Las afirmaciones crean una alineación. Piénsalo como las puntadas individuales que se unen para formar una tela. La cantidad de puntadas que necesitas depende de la longitud de la tela requerida para lo que estás tratando de hacer. Teniendo esto en cuenta, analicemos algunas de las cosas que podemos hacer para que esas afirmaciones funcionen más rápido.

1. Una mentalidad positiva

Cuando me refiero a una mentalidad positiva, no quiero decir que haya que ser optimista y estar llena de sol y arco iris. Hablo de que hay que ser optimista sobre el resultado. Independientemente de lo que intentes afirmar, debes creer en su desenlace y en su realidad. Sin importar lo grande que sea tu sueño o visión, tienes que creer en la posibilidad de que se manifieste. No se puede comprometer esto. Si por ejemplo crees que vas a triplicar tus ingresos en los próximos meses o años, tienes que verte a ti misma lográndolo; y esto nos lleva al siguiente punto.

2. Visualización

Cuando no puedes ver las palabras que dices en acción, esas palabras están vacías. Como seres humanos, solemos conectar con las cosas que podemos relacionar con nuestros sentidos. Si puedes encontrar una conexión a través de ellos, encuentras la convicción. ¿Recuerdas lo que dije sobre la convicción y cómo afecta a tu afirmación? Cuando dices: "Soy hermosa", es necesario que veas la belleza en ti misma. La lucha que tenemos con esta parte de nuestro proceso de afirmación es vernos a nosotras mismas a través de los ojos de otras personas. Necesitas dejar de construir la imagen de ti misma en base a lo que otras personas piensan.

3. Ser expresiva

Uno de los errores críticos que cometí durante mis primeros años de afirmación fue leer mis afirmaciones de la misma manera que leo un libro. Las leía para mí en silencio. La definición misma de una afirmación consiste en hablar de tus expectativas para que existan. Si no hablas en voz alta, no podrás cumplir los términos establecidos en la afirmación. Lo cierto es que la potencia de las palabras que afirmas toma toda su forma cuando vocalizas tus intenciones. Esto ocurre de dos maneras: una, incrementa tu capacidad de interiorizar el mensaje, lo cual, a su vez, afecta positivamente a tus convicciones. Y dos, infundes energía en tu atmósfera para comunicarte con el entorno que te rodea, y esto ayuda a agilizar la alineación de las cosas para que se produzca la manifestación que buscas.

Se trata de herramientas y consejos sencillos pero eficaces para ayudarte a sacar el máximo partido a tus afirmaciones. El siguiente paso es ponerlas en práctica y en los próximos seis capítulos tendrás 365 días de afirmaciones que abarcarán áreas clave de tu vida. Recuerda, ten convicción. Sé coherente. Comprométete.

Capítulo dos

60 Afirmaciones para la confianza

La confianza es la columna vertebral de todo lo que haces. Para vivir la vida que tanto soñaste, tienes que encontrar el valor y la determinación para hacerlo.

1. Frente a todo lo que me presenta este día, soy audaz y estoy llena de valor.

2. Defiendo firmemente lo que sostengo con la mayor confianza y dignidad.

3. No puedo silenciar mi voz por las expectativas de la sociedad. Hablo por mí misma.

4. Confío en mis habilidades, capacidades y potencial.

5. Estoy hecha de grandeza y fuerza, y me atrevo a respaldar mis palabras con acciones.

6. Puedo, y completaré con éxito cada tarea que me proponga hoy.

7. Domino la atención de todos en cualquier sitio en el que entre gracias a mi confianza.

8. En mi forma de hablar, mis gestos y mis acciones, irradio confianza absoluta.

9. Afronto cada proyecto con la inteligencia y la eficiencia que caracterizan mi confianza.

10. No temo abrazar cada faceta de mí misma, por más defectos que perciba en ellas.

11. Hoy, soy mejor de lo que era ayer, y mañana, seré mejor de lo que soy hoy.

12. Supero los límites y sobrepaso todas las expectativas en todos mis esfuerzos.

13. Decido ser excelente en todo lo que me propongo.

14. No soy los errores que cometí. Aprendo la lección y crezco.

15. Soy la mejor versión de mí misma independientemente de lo que diga la gente.

16. Doy pasos para vencer mis miedos y alcanzar mis sueños.

17. No voy a obstaculizar mi éxito. Confío en mi poder.

18. Soy la protagonista de mi propia vida. No hay quien me eclipse.

19. Mi confianza está hecha de algo más que la ropa que llevo o las cosas que tengo.

20. La opinión de otras personas nunca podrá disminuir mi confianza y mi fe en mí misma.

21. Confío en mis instintos y, por lo tanto, toda emoción que experimento es válida.

22. Soy una reina, una jefa y un ser divino en todo el sentido de esas palabras.

23. Tengo confianza en la persona que soy hoy y en la que seré mañana.

24. Estoy lo suficientemente segura de mí misma como para dejar de lado mis inseguridades y dar espacio a otras reinas para que brillen.

25. Soy lo suficientemente fuerte como para manejar cualquier desafío u obstáculo que se interponga en mi camino hoy.

26. Me siento orgullosa de cada cosa que logré, ya sea grande o pequeña.

27. Merezco toda la felicidad y el optimismo que me llegue hoy.

28. Me acepto por lo que soy, y eso no me hace menos ni mejor que nadie.

29. Soy auténtica y única donde quiera que esté y esto me hace sentir poderosa.

30. No me da miedo dar los pasos necesarios para convertirme en una mejor versión de mí misma.

31. Persigo incansablemente mis objetivos con una determinación feroz y una convicción absoluta.

32. Soy una mujer con personalidad y carácter. No necesito buscar la validación de nadie más que de mí.

33. A mí no me pasa la vida. Me sucede la vida porque yo estoy al mando de ella.

34. Tomo las riendas de mi vida hoy mismo y no voy a necesitar el permiso de nadie para ser maravillosa.

35. Estoy tomando buenas y sólidas decisiones que priorizan mi bienestar físico y mental.

36. Tengo la suficiente inteligencia para saber qué es lo correcto para mí y tengo la confianza necesaria para elegirme a mí misma en primer lugar.

37. No temo priorizar mis deseos, necesidades y expectativas en cualquier relación en la que me encuentre.

38. Ni mi cabello, ni mi ropa, ni el color de mi piel, ni mi estatus social pueden definir o autentificar mi persona.

39. Me niego a disminuir mi luz o a minimizar mi potencial solo para que otras personas se sientan mejor consigo mismas.

40. Atraigo a personas que realmente desean verme triunfar y no se sienten intimidadas por la absoluta confianza que tengo en mí misma.

41. Estoy rodeada de un campo de fuerza positivo el cual refuerza mi confianza y protege mi capacidad de ser yo misma.

42. Soy una luz que brilla intensamente y soy capaz de iluminar mi mundo.

43. Estoy protegida contra el antagonismo y el acoso que es predominante en la red y fuera de ella. Esto no puede cambiarme.

44. Funciono y trabajo con el sano conocimiento de quién soy; nada me puede distraer de mi verdadera identidad.

45. Entiendo los miedos y las preocupaciones que tengo, por lo que tomo las precauciones necesarias a fin de evitar un resultado negativo. Me niego a dejar que esos miedos me controlen.

46. Siempre tengo el dominio de mi vida, incluso cuando las cosas parecen estar fuera de control.

47. No hay límites en mi capacidad para salir al mundo, dominar mis miedos y hacer realidad mis sueños.

48. Este mundo es mi pasarela y me estoy moviendo con confianza con gracia, encanto y carisma.

49. Tengo el poder de crear mis sueños y cumplirlos.

50. No voy a dudar de mí misma ni a menospreciarme solo porque esté tratando de encajar en la imagen de lo que otras personas esperan que sea.

51. Comunico mis sentimientos y pensamientos de una manera que transmite sinceramente el mensaje que quiero hacer llegar a quien me escucha.

52. Merezco todos los elogios, cumplidos o reconocimientos que me llegan hoy porque me los gané.

53. Estoy harta de subestimar mi potencial y mis habilidades. Hablo constantemente de mis puntos fuertes.

54. Voy a entrar en la mejor etapa de mi vida y no voy a cuestionar ninguna de las experiencias buenas o positivas que tenga hoy.

56. Estoy lista y capacitada para el siguiente nivel de superioridad. Le cierro la puerta a la mediocridad y a la redundancia.

57. Estoy haciendo que mi papel como hermana, hija, esposa, amiga, emprendedora, trabajadora, y como mujer en general, sea el mejor. Hago un gran esfuerzo.

58. Marco la diferencia en mi mundo, y hoy doy ese primer paso.

59. Soy la mujer que quiero ser; valiente, audaz y diferente.

60. Confío en mis sueños y en mi capacidad para hacerlos realidad.

61. Cumplo con creces en todo lo que hago.

CAPÍTULO TRES

60 Afirmaciones para la autoestima

Tu autoestima es un eco de la percepción que tienes de ti misma. Alimenta tu confianza y ésta, a su vez, la impulsa. Una mujer que sabe quién es y lo que vale no puede ser derrotada fácilmente. Estimula tu autoestima y verás cómo mejoras/creces en todos los aspectos de tu vida.

1. Soy negra. Soy hermosa. Soy brillante. Soy poderosa. Soy todo lo que necesito para triunfar.

2. Amo las curvas y las formas de mi cuerpo porque revelan mi feminidad y amplifican mi singularidad.

3. Soy yo y eso es suficiente. No necesito ser nadie más.

4. Escucho a mi voz interior positiva. Mi opinión sobre mí misma es la única que importa.

5. Soy la nueva normalidad. Rompo todos los ciclos de abuso que persiguieron a las mujeres de mi familia.

6. Soy feliz y me concentro activamente en mi salud y bienestar para mantener hoy mi felicidad.

7. Soy más que mi circunstancia o mi experiencia.

8. Soy una vencedora. Soy una sobreviviente. Soy una ganadora.

9. Estoy entusiasmada porque tengo mucho que esperar hoy.

10. Tengo la libertad de ser quien quiera y la estoy ejerciendo.

11. Estoy orgullosa de la mujer que miro en el espejo cada día.

12. Confío en el trabajo que estoy realizando para mejorar.

13. Estoy avanzando en mis esfuerzos para ser la mejor versión de mí misma.

14. Estoy logrando atraer el tipo de amistades y relaciones que me hacen sentir mejor.

15. Soy una hermosa mujer negra persiguiendo sus sueños y me encuentro bien preparada para este viaje.

16. Silencio cualquier voz que menosprecie mi persona y mi importancia.

17. Soy muy importante. Soy relevante para las personas que forman parte de mi existencia.

18. Tomo posesión total de mi vida. Ahora soy yo quien conduce.

19. Soy digna de recibir todo el amor, el respeto y el afecto que deseo.

20. Soy talentosa, ingeniosa y emocionalmente capaz de alcanzar todas mis metas.

21. Soy mi propio modelo de belleza. Acepto los rasgos que me distinguen de cualquier otra mujer.

22. Mi belleza es extraordinaria. Mi cuerpo es fabuloso. Mi corazón es un tesoro lleno de maravillas.

23. Me encanta todo lo que me rodea. Mi apariencia, mi personalidad, mis objetivos... me entusiasman.

24. Ya no toleraré a la gente que no tiene en cuenta mi persona ni mis valores. Exijo respeto.

25. Soy amable, sensible y vulnerable. Soy decidida, directa e increíblemente fuerte. Todas estas facetas diferentes de mí misma me hacen poderosa.

26. No soy la segunda opción. Me priorizo a mí misma, así que espero que me prioricen.

27. Me respeto lo suficiente como para evitar situaciones que afecten negativamente a mi salud mental, mi salud física o mi reputación.

28. Soy una persona sexual y sensual. No tengo ninguna razón para sentirme culpable o avergonzada por ello.

29. Me retiro con valor de cualquier alianza o relación insana que ponga en peligro mi paz y mi cordura.

30. Soy más fuerte, más sabia y mejor que la persona que la gente describe. No me voy a conformar con sus expectativas.

31. Soy el premio. Yo soy la olla de oro al final del arco iris. Toda persona con la que salgo es afortunada de haber sido elegida.

32. Soy hermosa por dentro y por fuera.

33. Acepto perfectamente que no estoy hecha para todo el mundo.

34. Admito que la percepción que la gente tiene de mí no es un problema que deba resolver.

35. Mi cuerpo, con sus cicatrices, transformaciones y estrías, es una maravillosa obra de arte. Reconozco su belleza.

36. Soy imperfectamente perfecta tal y como soy, y me encanta eso de mí.

37. Me ven. Me escuchan. Soy amada. Soy aceptada.

38. Hago honor a mi cuerpo eligiendo hábitos saludables que promueven mi bienestar físico.

39. La confianza en mí misma mejora cada día. Tengo paciencia durante el proceso.

40. Soy una mujer especial y una defensora de mi propia vida. Nunca hablo mal de mí misma.

41. Soy amable y me perdono, sobre todo cuando se trata de los errores que cometo.

42. Me siento completamente enamorada de mi magnífica piel morena y de cómo me hace sentir siempre bella.

43. Brillo con luz propia y no quiero sumarme a la multitud de voces críticas que me rodean.

44. Estoy en un constante trabajo en progreso. Mi meta no es la perfección. Mi objetivo consiste en ser mejor que la persona que era ayer.

45. Estoy de acuerdo con ser diferente. Mi identidad como mujer no se basa en las opiniones de otras personas sobre cómo debería ser.

46. Soy dueña de mi felicidad. Se acabó esperar que otras personas me hagan feliz.

47. Soy una diosa con forma humana y manifiesto la divinidad a través de mis palabras, pensamientos y acciones.

48. Estoy consciente del poder que hay detrás de mis palabras y, por lo tanto, hoy, elijo utilizar aquellas que me construyen.

49. Soy una reina valiente. Puedo hacer frente a mis desafíos. Ya no espero a que nadie me rescate.

50. Merezco que me consientan, me protejan y me den placer.

51. No voy a renunciar nunca a mí misma. Tengo la obligación de ver mis objetivos hasta la meta.

52. Mis fracasos, mi dolor y mis traumas constituyen los ladrillos con los que construiré mi imperio. 53. Soy talentosa en lo que hago. Aporto un gran valor a cualquier organización en la que elija trabajar. 54. Estoy desterrando todas las mentiras sembradas en mi alma que debilitan mi valor. Las reemplazo con la verdad sobre mí misma.

55. Me estoy liberando para acceder al poder y la fuerza que tengo dentro de mí.

56. Estoy hecha para esta época. Nada es demasiado difícil de manejar para mí.

57. No solo sobreviviré a esta temporada, sino que prosperaré en ella.

58. No volveré a la gente o a las circunstancias que me frenaron. Voy a seguir adelante.

59. Estoy avanzando y dando la cara por mí misma el día de hoy.

60. Disfruto de la mujer que soy actualmente.

61. Acepto mi singularidad y mi poder como una hermosa reina negra.

Capítulo cuatro

60 Afirmaciones para atraer el éxito

El éxito tiene un significado diferente para cada persona. Recuerda que no significa la perfección total ni la ausencia de desafíos. Pero, al final del día, cuando te encuentras en un espacio en el que tienes equilibrio mental, abundancia financiera y alianzas firmes, se puede decir que lo tienes.

1. Atraigo la riqueza y la abundancia a mi vida.

2. Estoy viviendo un gran crecimiento en todas las áreas.

3. Estoy estableciendo alianzas y construyendo relaciones duraderas que me proporcionan seguridad y confort.

4. Practico nuevos hábitos que me preparan adecuadamente para una vida de éxito.

5. Salgo de mi zona de confort y conquisto nuevos territorios.

6. Personifico el éxito.

7. Mis actos, elecciones y pensamientos están en consonancia con la persona en la que quiero convertirme.

8. Lo puedo conseguir todo; la profesión que me gusta, el amor que me hace vibrar, la familia que me apoya y la abundancia que me da paz.

9. Doy pasos hoy para garantizar el futuro que deseo.

10. Poseo el código para desbloquear mi historia de éxito.

11. Dispongo de todos los recursos que necesito para hacer realidad mis sueños.

12. Aprovecho cada oportunidad que se me presenta hoy.

13. Estoy destinada a cosas más grandes en la vida. Me niego a permanecer en lo más pequeño.

14. Me cansé de comer las sobras que caen de la mesa de los demás. Estoy construyendo mi propia mesa.

15. Comparto mi energía con personas que aspiran a niveles mayores de éxito. Me niego a involucrarme con la mediocridad.

16. Mis ritos matutinos me preparan perfectamente para un día exitoso.

17. Hablo con palabras que ponen en marcha a la persona que busca metas en mí.

18. Leo libros y escucho contenidos que me ayudan a construir una actitud exitosa.

19. Tomo acciones que me llevan hacia el éxito.

20. Estoy dispuesta a aprender de mis errores y a implementar estrategias que conviertan esos fallos en peldaños en mi escalera hacia el triunfo.

21. Desactivo los factores desencadenantes que hacen que me sabotee cada vez que me aproximo a mis objetivos.

22. Me mantengo constante y perseverante en los hábitos que propician el éxito en mi vida.

23. Actualizo mi mentalidad para que coincida con la vida que quiero vivir.

24. Desaprendo los patrones negativos de comportamiento que me impidieron alcanzar todo mi potencial.

25. Estoy navegando por la vida como una persona que tiene un propósito y una dirección. Se terminaron mis días de tropiezos.

26. Invierto mucho en mí porque reconozco el hecho de que soy mi mayor riqueza.

27. Estoy ajustando mis prioridades y luchando fuertemente por mis objetivos.

28. Tengo éxito.

29. No voy a rendirme hasta conseguir la vida que quiero.

30. Sé lo que valgo y lo que aporto. No me conformaré con menos. Obtendré lo que quiero.

31. Trabajo duro y hago los sacrificios necesarios para la vida que quiero.

32. Construyo un espacio saludable para prosperar mental, física y financieramente.

33. Mi éxito está repercutiendo positivamente en mi mundo.

34. Me gusta lo positiva y poderosa que me volví.

35. Soy más grande que cualquier ansiedad, dudas u opiniones negativas respecto a mi éxito.

36. Poseo la actitud correcta para el triunfo y hoy estoy eligiendo eso.

37. Vierto mi energía en la construcción del futuro que deseo.

38. Elijo los proyectos, las personas y las oportunidades que están alineados con mis aspiraciones.

39. Estoy participando activamente en cosas que me llevan a alcanzar las metas que tengo en mente.

40. Merezco y me gané cada uno de los éxitos alcanzados.

41. Trabajo con la seguridad de que la vida está ocurriendo hoy para mí.

42. Soy una mujer que actúa. Ejecuto mis tareas más que inventar excusas.

43. Me mantengo equilibrada en mi búsqueda del éxito. Descanso cuando lo necesito. Me divierto cuando es necesario, y trabajo como es debido.

44. Me hago responsable de cómo transcurre mi historia de éxito. No le doy ese poder a nadie.

45. Estoy superando todas mis metas y acercándome a mis sueños.

46. Atraigo a personas que están genuinamente interesadas en verme triunfar.

47. Creo en mí misma y en mi capacidad para hacer realidad mis deseos.

48. Disfruto de los momentos simples que encuentro en mi camino hacia la cima.

49. Rechazo que mis emociones dictaminen la cantidad de trabajo que pongo en mi crecimiento.

50. No compito con nadie cuando se trata de mi éxito. El puesto en la cima está destinado a mí.

51. No me veo amenazada por el suceso de otras mujeres. Celebro sus victorias y dejo que me inspiren.

52. Me atrevo a superar mi pasado y a convertirme en la mujer que quiero ser, aunque ello implique dejar de lado hábitos, personas o situaciones.

53. Tengo un plan para mi futuro y voy a hacerlo realidad pase lo que pase.

54. Camino hacia la temporada más exitosa de mi vida y estoy preparada para ello.

55. Estoy lista para ascender y ser mejor en lo que hago.

56. Me dispongo a recibir la abundancia. Acepto el amor en abundancia, la riqueza en abundancia y la salud en abundancia.

57. Controlo la cantidad de esfuerzo que pongo para lograr mis objetivos. Trabajo con este modo de pensar cada día.

58. No me da miedo, vergüenza o ansiedad pedir más. Me lo merezco.

59. Tengo el valor suficiente para atraer el nivel de éxito que quiero.

60. Mis sueños son una realidad posible y estoy atrayendo a las personas, las oportunidades y los elementos apropiados para que se hagan realidad.

61. Soy rica en las cosas que me importan

CAPÍTULO CINCO

60 Afirmaciones para ganar dinero

El dinero es una forma de riqueza. La actitud que tenemos hacia él marca una gran diferencia en la forma en que lo sentimos. Estas afirmaciones pueden ayudarte a construir una relación más sana y productiva con tus finanzas.

1. El dinero trabaja para mí y no al revés.

2. Atraigo el tipo de oportunidades que me permiten duplicar el rendimiento de mis inversiones.

3. Mantengo una actitud sana hacia el dinero y, en consecuencia, lo uso sabiamente.

4. Tomo las decisiones financieras correctas. Se acabó la carencia o la imposibilidad financiera.

5. Tengo creados múltiples flujos de ingresos para que la riqueza fluya. Jamás podré estar en bancarrota.

6. Soy hábil en la forma de crear y distribuir la riqueza.

7. Tengo una mentalidad exitosa y esto atrae la riqueza.

8. En todos mis negocios, tengo un imán para el dinero.

9. Estoy en una posición estratégica para crear y acumular riqueza.

10. La abundancia y la fortuna son un estado natural para mí.

11. Estoy obteniendo enormes recompensas financieras por todo el trabajo duro que realicé.

12. Soy audaz en el deseo de ser rica y tengo planes en marcha para ayudarme a conseguirlo.

13. Creo oportunidades para mí y para las personas que me rodean.

14. Rompo todos los límites financieros de mi familia y sobrepaso nuestras proyecciones y expectativas.

15. Soy una persona que crea riqueza.

16. Mis costumbres tienen un fuerte valor financiero. Mis acciones de cada día tienen una fuerte relación con la cantidad de riqueza que acumulo.

17. Estoy en posesión de un patrimonio capaz de satisfacer todas mis necesidades.

18. La balanza está inclinada a mi favor para asegurar la abundancia y la fortuna en mi vida.

19. Construyo el tipo de riqueza que perdura durante generaciones.

20. Mi patrimonio está impactando positivamente en las personas de mi vida, en mi comunidad y en mi mundo.

21. Vivo en una inmensa abundancia financiera todos los días.

22. Dispongo de la capacidad para comprar lo que quiera.

23. Soy financieramente libre. Ya pagué todas mis deudas.

24. Estoy abierta a recibir dinero de fuentes tanto esperadas como inesperadas.

25. Hago lo que me gusta, vivo mi mejor vida y genero riqueza en el proceso.

26. Dispongo de una fuente financiera inagotable que me garantiza unos ingresos seguros.

27. Creo negocios rentables desde el punto de vista económico.

28. Soy rica en todos los recursos necesarios para ayudarme a construir un patrimonio sostenible.

29. Construyo imperios con un alto rendimiento.

30. Estoy creando relaciones que potencian mi red de contactos.

31. La gente que tengo en mi entorno tiene una mentalidad exitosa que me inspira a alcanzar mis objetivos.

32. Soy una gestora patrimonial de éxito.

33. Soy inteligente y tengo la capacidad de convertir los recursos de los que dispongo en fuentes de ingresos viables.

34. Construyo el tipo de perfil financiero que me convierte en un valor en cualquier economía.

35. Voy haciendo crecer mi riqueza desde un lugar tranquilo.

36. No persigo el dinero. El dinero me persigue a mí.

37. Disfrutaré de los beneficios financieros de todo mi trabajo duro.

38. Tengo el cerebro preparado para ver las oportunidades de generar ingresos en cualquier situación.

39. Hago movimientos de dinero hoy para construir un futuro financiero estable para mí.

40. Me atrevo a tomar la decisión de crecer y adquirir más riqueza.

41. Soy una viva expresión de la frase "sonriendo al banco".

42. Atraigo el tipo de trabajos que me dan libertad financiera y satisfacción laboral.

43. Sé disfrutar del dinero que llega a mis manos. Gasto de forma inteligente.

44. Cada forma de ascenso que me toca hoy en día trae consigo un avance también.

45. No me degrado ni me desvalorizo por las oportunidades financieras.

46. Merezco todo lo bueno que la vida me ofrece, incluyendo la abundancia económica.

47. Experimento un crecimiento financiero imponente en la actualidad.

48. Accedo a las personas adecuadas que pueden influir positivamente en mis finanzas.

49. Me puedo permitir el estilo de vida que deseo con facilidad.

50. No hay límites para lo que puedo lograr financieramente.

51. Me fijo objetivos que están en la misma frecuencia que mi visión de futuro.

52. Hoy estoy creando un nuevo capítulo en mi historia económica.

53. Estoy consiguiendo la cantidad de dinero que necesito para vivir la vida que deseo.

54. Tengo un toque especial para el dinero. Cada emprendimiento en el que pongo mis manos, se convierte en un negocio altamente rentable.

55. Me convertí en la señora del dinero. Llevo un control absoluto sobre mis resultados financieros.

56. Mi ingreso nunca puede ser inferior a mis gastos.

57. Vivo la vida que soñé cada día porque soy libre económicamente.

58. Estoy ganando mucho dinero con mis habilidades, talentos e ideas.

59. Soy una persona multimillonaria en las diferentes monedas del mundo.

60. Soy consciente de cómo gano y gasto mi dinero.

61. Puedo descubrir formas de crear riqueza incluso en lugares inesperados.

Capítulo seis

60 Afirmaciones para la salud

La salud, como se suele decir, es riqueza. Sin una buena salud, es prácticamente imposible disfrutar de todos los maravillosos regalos que ofrece la vida. Una mala salud limita el nivel de calidad de vida de una persona. A través de estas afirmaciones, podrás manifestar vitalidad.

1. Estoy saludable en cuerpo, mente y espíritu.

2. Cada uno de los sistemas, órganos y células de mi cuerpo está funcionando a su máxima capacidad para promover mi bienestar.

3. En este momento mi cuerpo está en las mejores condiciones y lo agradezco.

4. Debido a mi mente y cuerpo sanos, estoy físicamente en forma y fuerte.

5. Estoy en un lugar armonioso espiritualmente y esto me brinda paz y claridad.

6. Mi mente es un gran campo fértil que irradia energía positiva y pensamientos favorables.

7. Las restricciones físicas de mi cuerpo no me impiden disfrutar y vivir mi vida al máximo.

8. Tanto mi cuerpo como mi mente rinden al máximo cada día.

9. Experimento una iluminación espiritual que eleva mi mente y estabiliza mi cuerpo.

10. Me siento bien con el cuerpo que tengo porque soy perfecta según mis estándares.

11. Hago honor a mi figura mediante la realización de prácticas que promueven mi bienestar físico y mental.

12. Creo el ambiente adecuado para llevar una vida sana.

13. Presto mucha atención a mi salud invirtiendo en las cosas adecuadas para mí.

14. Me ejercito bien. Como bien. También descanso lo necesario para mantenerme en buena forma.

15. Colaboro con las personas adecuadas para que mi salud se mantenga en óptimas condiciones.

16. La gente de mi entorno colabora conmigo para proteger mi salud en general.

17. Estoy sanando y recuperándome de cualquier trauma que haya sufrido en el pasado.

18. Poseo un manto divino de protección que asegura que mi mente y mi cuerpo no sean víctimas de ninguna plaga o enfermedad.

19. Mi edad, composición genética, género o estándares sociales de belleza no definen mi estado de salud.

20. Mi conexión entre la mente y el cuerpo está sincronizada y esto me hace tener una excelente condición física.

21. Soy una maravilla desde el punto de vista médico y tanto mi excelente estado de salud física como el alto nivel de mi calidad de vida continúan desconcertando a los expertos de la comunidad médica.

22. Tengo un sistema inmunológico lo suficientemente fuerte como para combatir las infecciones y mantener a raya las enfermedades.

23. La comida que consumo me sostiene y proporciona los nutrientes suficientes para mantenerme sana durante más tiempo.

24. Tengo un cuerpo sano y una mente clara.

25. Mi energía espiritual está completamente alineada con mis objetivos y estrategias de salud.

26. Reconozco intuitivamente los alimentos adecuados para mi cuerpo y los ejercicios apropiados para ayudarme a alcanzar mis objetivos de bienestar.

27. Tomo mi salud en serio. Es lo primero en mi lista de cosas por hacer.

28. Todas mis actividades y hábitos diarios favorecen mis objetivos mentales y corporales.

29. Tengo constancia con los hábitos destinados a mantenerme físicamente en forma.

30. Amo mi cuerpo lo suficiente como para tomar decisiones más saludables siempre.

31. Espero que llegue a mi mente y a mi cuerpo una corriente interminable de salud y vitalidad.

32. Ejerzo el poder que tengo para tomar buenas decisiones para mi bienestar físico y mental.

33. Puedo gestionar emociones como la ansiedad, la ira y el dolor. No me controlan.

34. Me encuentro inmersa en una esfera que me mantiene en un ambiente seguro para que mi salud mental prospere.

35. No me apunto a las modas y prácticas simplemente porque son tendencia. Me concentro en cosas que realmente me ayudan.

36. Estoy dispuesta y preparada para hacer el trabajo físico y mental necesario para mantenerme en buena forma.

37. Las metas que establezco para mi cuerpo están diseñadas para satisfacerme personalmente. No intento complacer a nadie.

38. Mi cuerpo y mi mente son míos y están bajo mi control. Hago lo que quiero y lo que quiero es lo mejor para mí.

39. Incremento todos los esfuerzos para ser la mejor versión de mí misma.

40. Disfruto de las actividades que practico para promover mi bienestar físico.

41. Dispongo de la capacidad mental para perseverar en mis rutinas físicas y mantener un cuerpo en forma.

42. Soy una mujer negra y sexy, con un cuerpo atractivo y una mente sana.

43. Sin importar cómo me sienta, me levanto de la cama y me esfuerzo por estar en forma físicamente.

44. Encuentro la motivación dentro de mí para estar saludable en mente y cuerpo.

45. Me despierto cada mañana con fuerza y vigor renovados.

46. Hoy me siento muy bien. Tengo el cuerpo y la mentalidad adecuados.

47. Hoy me elijo a mí misma. Si me presentan ofertas tentadoras que pudieran descarrilarme, elijo lo que es mejor.

48. Me felicito por haber sobrevivido a las balas que la vida me disparó. Me hice mentalmente fuerte gracias a ello.

49. Me gusta comer sano y tener hábitos que me mejoren física y mentalmente.

50. Tengo paciencia con el progreso que estoy haciendo en mi camino hacia la buena forma física.

51. Mi cuerpo está concebido para hacer cosas increíbles, como ayudarme durante el día, proporcionarme placer, dar a luz, etc. Respeto el trabajo que hace.

52. Honro los sacrificios de mi cuerpo asegurándome de nutrirlo con una dieta equilibrada, rutinas de ejercicio y contenidos que me ayuden mental y físicamente.

53. Dispongo de un excelente equipo de salud que trabaja de forma conjunta para garantizar que estoy en condiciones económicas, mentales y físicas de mantenerme en buena forma.

54. Atraigo a personas que comparten objetivos de salud similares y realizan acciones que me inspiran/motivan a seguir persiguiendo mis propósitos.

55. Transformo mi cuerpo en una versión viva y real de mi tablero de visión.

56. Desde la ropa que me pongo hasta la comida que ingiero, elijo conscientemente las cosas que me hacen ver y sentir bien.

57. Atraigo la energía que necesito para completar mis rutinas de ejercicios físicos hoy.

58. El hecho de ponerme en primer lugar y dar prioridad a mi salud me entusiasma mucho.

59. Doy la bienvenida al apoyo, el estímulo y la positividad en mi camino hacia el bienestar.

60. Las distintas partes de mi cuerpo que me conforman son piezas imperfectas que se unen para encajar perfectamente. Amo mi cuerpo.

61. Mi salud es parte de mi riqueza y me sobra.

Capítulo siete

60 Afirmaciones para el amor

Todos merecemos amor. El amor constituye la base de todo lo que hacemos. El amor por las personas. El amor por una misma. La pasión por la vida. Todas estas son expresiones diferentes del amor y todas las personas necesitamos amor en nuestras vidas.

1. Recibo este día con amor en mi corazón, calor en mi alma y luz en mis ojos.

2. Me han hecho para el tipo de amor seguro, cálido y eterno que deseo.

3. Merezco ser amada y cuidada.

4. Tengo mucho amor para dar y estoy relacionándome con el tipo de personas que lo merecen.

5. Mi corazón está abierto a dar y recibir amor sano.

6. Atraigo a las personas que me aman y cuidan genuinamente.

7. Me estoy curando de los dolores de mi pasado y abriendo mi corazón a las oportunidades de encontrar amor genuino.

8. Mi amor es auténtico y poderoso.

9. Mi amor es puro y verdadero.

10. Soy una expresión de amor en forma humana.

11. Estoy involucrada en relaciones que nutren mi reserva de amor.

12. Respeto y respondo a la mecánica de mi relación, siempre que sea positiva.

13. Pongo y aplico límites saludables en mis vínculos.

14. Experimento el tipo de amor más asombroso cada día.

15. Me amo a mí misma con feroz devoción y compasión.

16. La energía que desprendo hoy está atrayendo a mi alma gemela hacia mí.

17. Me encuentro en una temporada de amor intenso, paz y felicidad.

18. Me niego a permitir que los traumas de mi pasado decidan mis siguientes pasos para el futuro.

19. No cargo mis relaciones actuales con el peso emocional de mis relaciones anteriores.

20. Establezco conexiones íntimas que me ayudan a encontrar el amor dentro de mí y a mi alrededor.

21. Reconozco las relaciones que son saludables para mí y las busco.

22. Mis antenas del amor están sintonizadas en una frecuencia más alta para atraer a las personas que operan en el mismo nivel.

23. Suelto mis luchas emocionales del pasado y supero mis miedos.

24. Perdono a las personas que me hirieron profundamente con sus palabras y acciones.

25. Me libero de la esclavitud del dolor, la ira y el miedo que me impidieron conocer el verdadero amor.

26. Estoy caminando al punto de partida de los mejores días del resto de mi vida.

27. No paso el tiempo esperando que el amor me encuentre.

28. Me estoy brindando el amor, el cuidado y la atención que necesito.

29. Hoy, me estoy enamorando profundamente de mí misma de nuevo.

30. Me estoy amando sin condiciones ni expectativas.

31. Mi amor es sano, incondicional y comprensivo.

32. Por naturaleza, evito a las personas con tendencia a manipular y aprovecharse de mi amor.

33. Emprendo proyectos que me gustan. Esto me permite disfrutar de una experiencia de trabajo amena.

34. Encuentro el amor en las cosas sencillas que hago cada día.

35. Emano un aura que atrae el amor a mi vida.

36. Rechazo a las personas negativas, pesimistas y sin buenas intenciones hacia mí.

37. Me abro a esperar que las personas se ganen mi amor y confianza antes de comprometerme, en especial en las relaciones románticas.

38. Ya no repito los mismos errores de mis relaciones pasadas.

39. Me perdono a mí misma y opto por aceptar mis defectos y mis puntos fuertes.

40. Mi vida está caracterizada por el amor.

41. Estoy comprometida a vivir la vida que amo.

42. Estoy emitiendo amor al universo y el universo me lo devuelve como respuesta.

43. Soy poderosa porque reconozco el valor de tener un gran amor propio.

44. Sé lo que valgo y estoy atrayendo al tipo de personas que también lo saben.

45. No me conformo con ninguna relación que me ofrezca menos de lo que merezco.

46. Puedo ver claramente la vida que quiero, y la persigo activamente.

47. Me permito convertirme en un recipiente a través del cual el amor fluye en las vidas de las personas que me rodean hoy.

48. El amor en mi vida afectiva rejuvenece y se hace nuevo.

49. Mi compañero de vida y yo estamos en una relación de amor estable y sana con nosotros mismos y entre nosotros.

50. Experimento lazos renovados de amistades profundas y genuinas.

51. Ya superé los hábitos que sabotean mis relaciones amorosas.

52. El amor que siento crece y se expresa cada día de forma diferente.

53. Agradezco la pareja amable, comprometida y cariñosa que tengo.

54. Suelto las relaciones que ya no me sirven y me abro a las que sí.

55. Mi amor es vital, cambia la vida y es totalmente sano. Es una fuerza poderosa y positiva.

56. Mi viaje hacia mi " feliz para siempre" empieza hoy, y estoy completamente lista para ello.

57. Soy la llave de mi felicidad, y abro esa puerta para dar paso a mi temporada de plena alegría.

58. Invierto en las relaciones correctas y doy mi amor a aquellos que lo merecen.

59. El amor me está cambiando por dentro y me está transformando en la mujer que soñé ser.

60. Terminé con las relaciones estancadas y elijo buscar oportunidades para crecer en el amor.

61. El amor es una presencia constante en mi corazón, mi hogar y mi vida.

Conclusión

Este libro está llegando a su fin. No obstante, tú apenas estás comenzando tu viaje. Ha sido un honor para mí, haber iniciado este proceso contigo, pero no permitas que termine aquí. Repite tus afirmaciones en voz alta y clara hasta que esas palabras acallen las voces que subestiman tu potencial y menoscaban el esfuerzo que realizaste para convertirte en la persona que eres hoy. En el fondo sabes que estás hecha para mucho más que esto. Este es el momento de demostrarlo.

Conéctate con tus afirmaciones. Reformúlalas para que se ajusten a tus expectativas si es necesario, pero no dejes de pronunciarlas. Sin importar tu religión o raíces culturales, el poder que hay detrás de las palabras que te dices a ti misma es real. ¿Te teletransportará en segundos hacia el destino que deseas? En absoluto. Pero, ¿te llevará allí finalmente? Por supuesto que sí. Toma conciencia de lo que dices y de cómo lo dices. Lo demás se pondrá en su lugar.

Pero antes de comenzar a despedirme, me gustaría que supieras que tienes acceso a las llaves que te darán la vida que mereces. Lo único que tienes que hacer es comprometerte con ello, ser consecuente y aferrarte a tus convicciones. Ser una mujer negra en la sociedad actual, puede ser tanto una bendición como una maldición. Afortunadamente, tú puedes decidir en qué lugar te encuentras. Elige un camino, define tu visión y hazla realidad.

Habiendo dicho esto, mi parte está hecha. Espero leer tu historia exitosa. No olvides escribir y compartir los detalles de tu viaje. Pero hasta entonces, intenta que tu vida sea diferente para lograr la vida que realmente mereces.

Gracias

Antes de que te vayas, quería darte las gracias por comprar mi libro.

Hay muchos libros sobre el mismo tema, pero tú te arriesgaste y elegiste éste.

Así que, gracias por elegirme y por leer este libro hasta el final.

Ahora, quería pedirte un pequeño favor. **¿Podrías publicar una reseña del libro? Las reseñas son la forma más fácil de apoyar a una autora independiente como yo.**

Tus comentarios me permitirán seguir creando libros que te ayudarán a conseguir los resultados que deseas. Así que, si lo disfrutaste, por favor, házmelo saber.

Image - vecteezy.com